Dennis Zirk 8c



# Abenteuer Mensch sein

**Ethik / LER**
**Werte und Normen**

**2**

**Arbeitsheft für die Klassen 7/8**

*Autorenteam*
Inge Denzin
Cornelia Heimbrock
Dr. Roland W. Henke
Adalbert Wegmann

Cornelsen

# Inhalt

## Oh, wie peinlich!

Manchmal gerätst du in Situationen, die du als peinlich empfindest.
Was dir vor einiger Zeit noch Spaß gemacht hat, empfindest du jetzt als nicht mehr passend.

Mit Puppen oder Lego spielen

Kindergeburtstag feiern

Nenne und zeichne Situationen, die dir neuerdings peinlich sind.

## Kindheit – Jugend – Erwachsensein

Auf dieser Seite kannst du aufschreiben, was du an Kindheit, Jugend und Erwachsensein gut und schlecht findest.

Was mir daran gefallen hat, ein Kind zu sein:

Weshalb ich aber auf Dauer kein Kind bleiben will:

Was schön daran ist, ein Jugendlicher zu sein:

Warum es mir schwer fällt, ein Jugendlicher zu sein:

So könnte ich mir vorstellen, als Erwachsener zu sein:

So will ich auf keinen Fall als Erwachsener sein:

Überlegt nun, welche Verhaltensweisen von Kindern und Jugendlichen Erwachsene sich bewahren sollten, und diskutiert, wie es möglich wäre, diese zu erhalten.

## Freundschaft – Liebe – Sexualität

Zeichne, male, klebe ein Bild ein oder gestalte eine Collage zu den drei Begriffen »Liebe«, »Freundschaft«, »Sexualität«. Klärt dann in der Klasse die Unterschiede dieser drei Begriffe.

Freundschaft

Liebe

Sexualität

## Wie soll ich's ihr bloß sagen?

Max hat sich in Julia verliebt. Jetzt will er ihr einen Liebesbrief schreiben.
Er hat schon mehrfach angefangen, aber immer wieder Textstellen frei gelassen.
Kannst du ihm helfen?

______________ Julia!

Als ich dich gestern in der Disco gesehen habe,

______________

______________

Du siehst so süß aus mit

______________

Nachdem wir Cola getrunken hatten,

wollte ich mit dir tanzen.

Doch ______________

______________

Aber du hast mich einfach auf die Tanzfläche gezogen und mich mit deinen blauen Augen angelächelt. Schon nach den ersten Schritten wurde mir total heiß und immer wenn du mich berührtest, ______________

______________

Dann sind wir hinausgegangen. Draußen wehte ein kühler Wind und wir haben

______________

Ich hätte dich so gerne geküsst, aber ______________

Danach habe ich dich zur Bushaltestelle gebracht. Dort habe ich so lange gestanden,

______________

Die ganze Nacht ______________

Ich möchte dich gerne wiedersehen.

______________

______________

______________

**1** Schreibe dein Geburtsdatum an den Anfang der Zeitschiene.
Trage von da an in kleineren Abschnitten und in zeitlicher Abfolge Ereignisse, Handlungen, Wendepunkte, Gefühle und Gedanken ein, die für dich in der Vergangenheit und in der Gegenwart bedeutend waren und sind.
Dann überlege, welche Ereignisse und Vorstellungen in Gedanken deine Zukunft prägen und trage sie in den Abschnitt der Zeitschiene ein, der die Zukunft darstellt. Der freie Raum kann für Notizen, Zeichnungen oder Fotos usw. genutzt werden.

30 Jahre

20 Jahre

10 Jahre

Geboren ______________________

**2** Wenn alle in der Lerngruppe damit einverstanden sind, könnt ihr eure Histogramme kopieren und im Klassenraum aufhängen und besprechen.

# Wer zieht an mir?

Klebe in die Mitte ein Foto von dir. Beschrifte dann die Enden der Fäden mit den Menschen, die an dir »ziehen«:

1 Überlege, welche Fäden du gerne lösen willst und warum!

2 Notiere, was passieren könnte, wenn du alle Fäden durchschneidest?

3 Vergleiche die von dir entworfene Marionette mit denjenigen deiner Mitschülerinnen und Mitschüler und besprecht Gemeinsamkeiten und Unterschiede.

## Konflikt oder Spaß?

Ein Konflikt ist ein Problem oder eine Unstimmigkeit zwischen zwei oder mehreren Personen. Viele Situationen werden jedoch von verschiedenen Menschen verschiedenartig verstanden. Während ein bestimmtes Ereignis von dir als ein Konflikt angesehen wird, fasst dein Gegenüber dieselbe Situation vielleicht als Spaß auf.

1 Im folgenden Test könnt ihr euch überlegen, was ihr persönlich als Konfliktsituation versteht und was nicht. Kreuzt jeweils an, ob ihr die Situation als einen Konflikt empfindet oder nicht. Besprecht die Situationen dann in der Klasse und begründet eure Entscheidung.

| | | ja | vielleicht | nein |
|---|---|---|---|---|
| **1.** | Christina sieht schlecht und muss eine Brille mit dicken Gläsern tragen. Marcel lacht sie immer aus. | ❐ | ❐ | ❐ |
| **2.** | Bei den Bundesjugendspielen laufen Jan, Philipp und Marco im 100-Meter-Lauf um die Wette. Jan will auf jeden Fall gewinnen. | ❐ | ❐ | ❐ |
| **3.** | Erik und Tom spielen Tischtennis auf dem Schulhof. Sie wollen Ahmed nicht mitspielen lassen. | ❐ | ❐ | ❐ |
| **4.** | David und Sahand sind in Mathematik die Besten in der Klasse. Sie lachen über andere, die nicht so schnell rechnen können. Tina ärgert sich darüber, sagt aber nichts. | ❐ | ❐ | ❐ |
| **5.** | Kevin hat einen neuen Füller zum Geburtstag bekommen. In der Pause fällt er ihm jedoch herunter und eine Mitschülerin tritt ihn kaputt. | ❐ | ❐ | ❐ |
| **6.** | Ramona und Florian sind befreundet. Ramona ist Vegetarierin. Beim Bummeln in der Stadt holt sich Florian eine Bratwurst. | ❐ | ❐ | ❐ |
| **7.** | Nicos Vater liebt klassische Musik und lehnt Rockmusik ab. Sie haben nur einen CD-Player. | ❐ | ❐ | ❐ |
| **8.** | Die Klassenlehrerin fordert die Schülerinnen immer auf, sich gegenseitig zu helfen. Tim hilft Annika im Physikunterricht bei einer schweren Aufgabe. Die Physiklehrerin schimpft und trägt Tim eine Fünf wegen »schwätzen« ein. | ❐ | ❐ | ❐ |
| **9.** | Daniel ist der Kleinste in seiner Klasse. Im Sportunterricht zwingt ihn der Lehrer, über den Bock zu springen, obwohl ihm Tränen in den Augen stehen. | ❐ | ❐ | ❐ |
| **10.** | Cem stellt Jannik ein Bein. Jannik fällt hin und verletzt sich. Cem sagt, er habe nur Spaß machen wollen und es tue ihm leid. | ❐ | ❐ | ❐ |

2 Vergleicht nun eure Ergebnisse untereinander und erläutert gegenseitig eure Abweichungen. Beachtet dabei, dass es keine richtige oder falsche Lösung gibt, sondern nur abweichende Empfindungen.
– War es leicht oder schwierig, eine Position zu finden?
– Bei welchen Szenen wart ihr unsicher und warum?
– Wo gibt es die meisten Abweichungen zwischen euren Ergebnissen?

3 Überlegt, wieso es nicht immer einfach ist, einen Konflikt zu lösen. Erfindet in der Gruppe eine Konfliktsituation und spielt sie nach. Diskutiert die Handlungen der »Streitenden« und sucht gemeinsam nach einer Lösung des Konflikts.

## Die Streitwaschmaschine

Endlich ist sie erfunden: die Streitwaschmaschine. Damit kannst du jeden Streit schlichten oder lösen. Die Bedienung ist ganz einfach. Die beiden Streithähne werden in die Streitwaschmaschine gesteckt und es wird Pulver dazu geschüttet. Dann wird die Maschine angestellt und schon kann es losgehen.
Die Ergebnisse können sich sehen lassen. Schreibe in die leeren Kästchen, welches Pulver du in die Maschine schüttest.

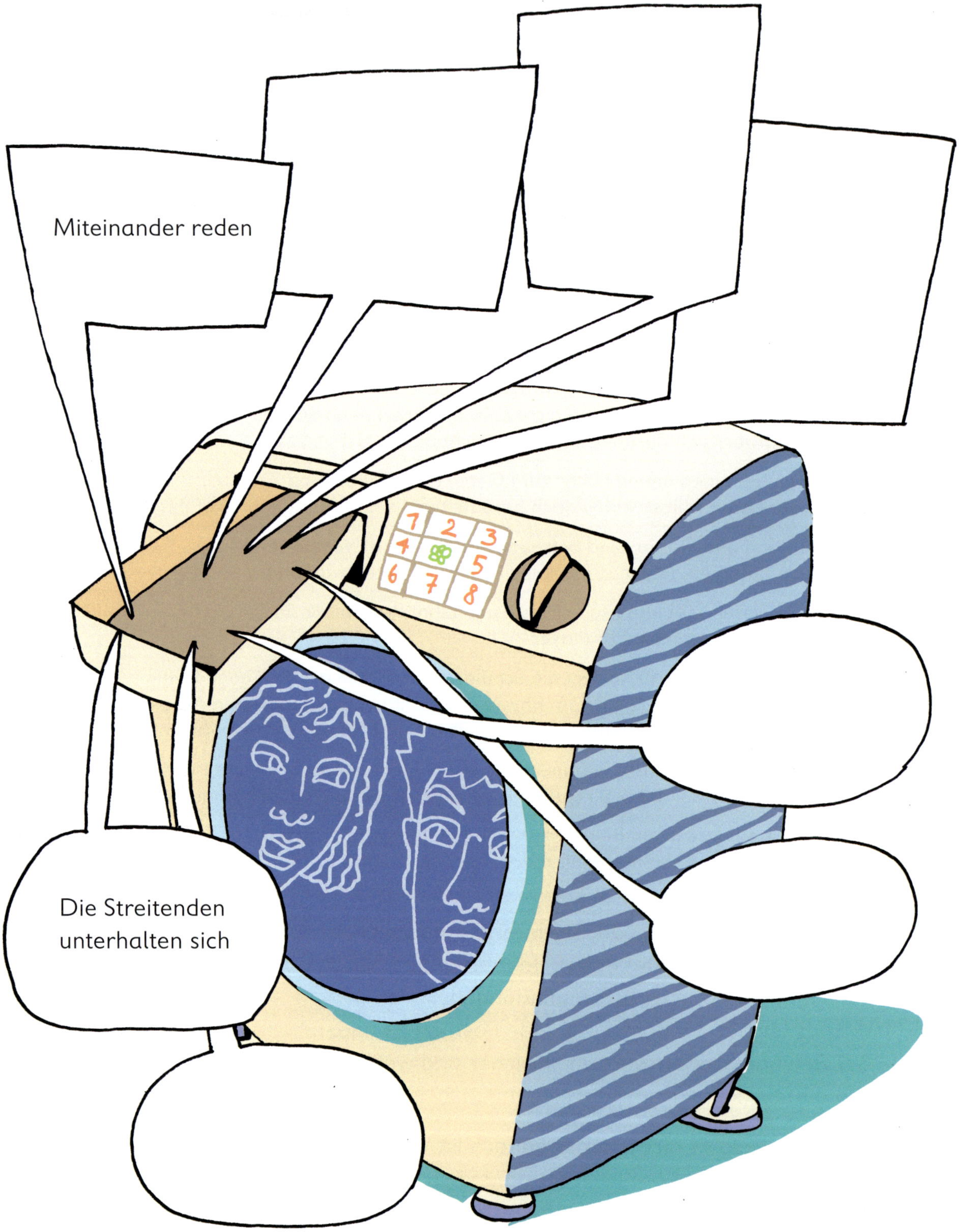

Überlegt, wie die Situationen weitergehen könnten.
Spielt sie in einem Rollenspiel nach und stellt sie der Klasse vor.

# Das kann ich gut – und das noch nicht so gut

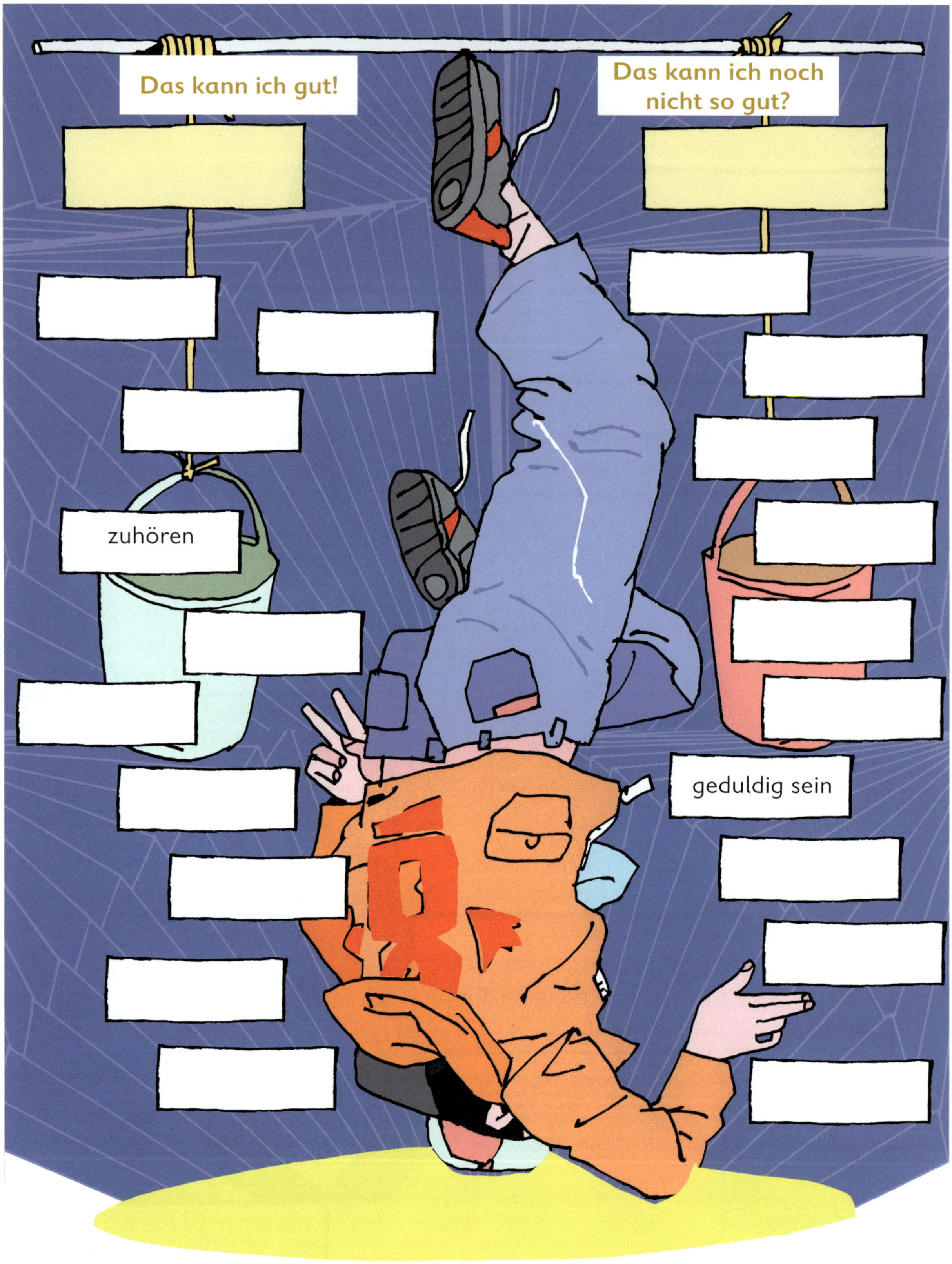


Sich selbst zu erkennen ist gar nicht so leicht: Lege all das in die Waagschalen, was du schon gut kannst – und auch das, was dir noch nicht so gut gelingt. Schaffst du es, ein Gleichgewicht herzustellen?

## Gruppenregeln

Das Zusammenleben in der Gruppe wird erleichtert, wenn gemeinsam Regeln formuliert werden, nach denen sich die einzelnen Mitglieder der Gruppe richten wollen.

**1** Auf dieser Seite könnt ihr zunächst allein einige Regeln formulieren, die ihr für das Zusammenleben in der Gruppe wichtig findet.

**2** Diskutiert in einem zweiten Schritt eure Regeln in Kleingruppen und einigt euch auf fünf gemeinsame Regeln, die ihr auf dieser Seite notiert.

**3** In der Endrunde könnt ihr euch in der Klasse auf fünf Grundregeln einigen, die auf einem Plakat an der Wand aufgehängt werden können.

### Meine Regeln:

1 ______________________

2 ______________________

3 ______________________

4 ______________________

5 ______________________

### Die Regeln der Kleingruppe:

1 ______________________

2 ______________________

3 ______________________

4 ______________________

5 ______________________

### Unsere gemeinsamen Regeln:

1 ______________________

2 ______________________

3 ______________________

4 ______________________

5 ______________________

## Wer, was, warum?

Ein Spinnennetz bietet die Möglichkeit, einen Konflikt zu analysieren. Das bedeutet, dass die jeweilige Konfliktsituation aufgeschlüsselt wird: in die beteiligten Personen (1), die Handlungen der Personen (2) und ihre Beweggründe (3).

1 Überlegt euch einen aktuellen Konflikt, den ihr untersuchen wollt.

2 Tragt mit drei verschiedenfarbigen Stiften in die Spinnwebe ein:
Blau im inneren Kreis: WER ist beteiligt? (1)
Rot im mittleren Kreis: WAS tun die einzelnen Beteiligten? (2)
Grün im äußeren Kreis: WARUM/Welche Beweggründe haben die Beteiligten? (3)

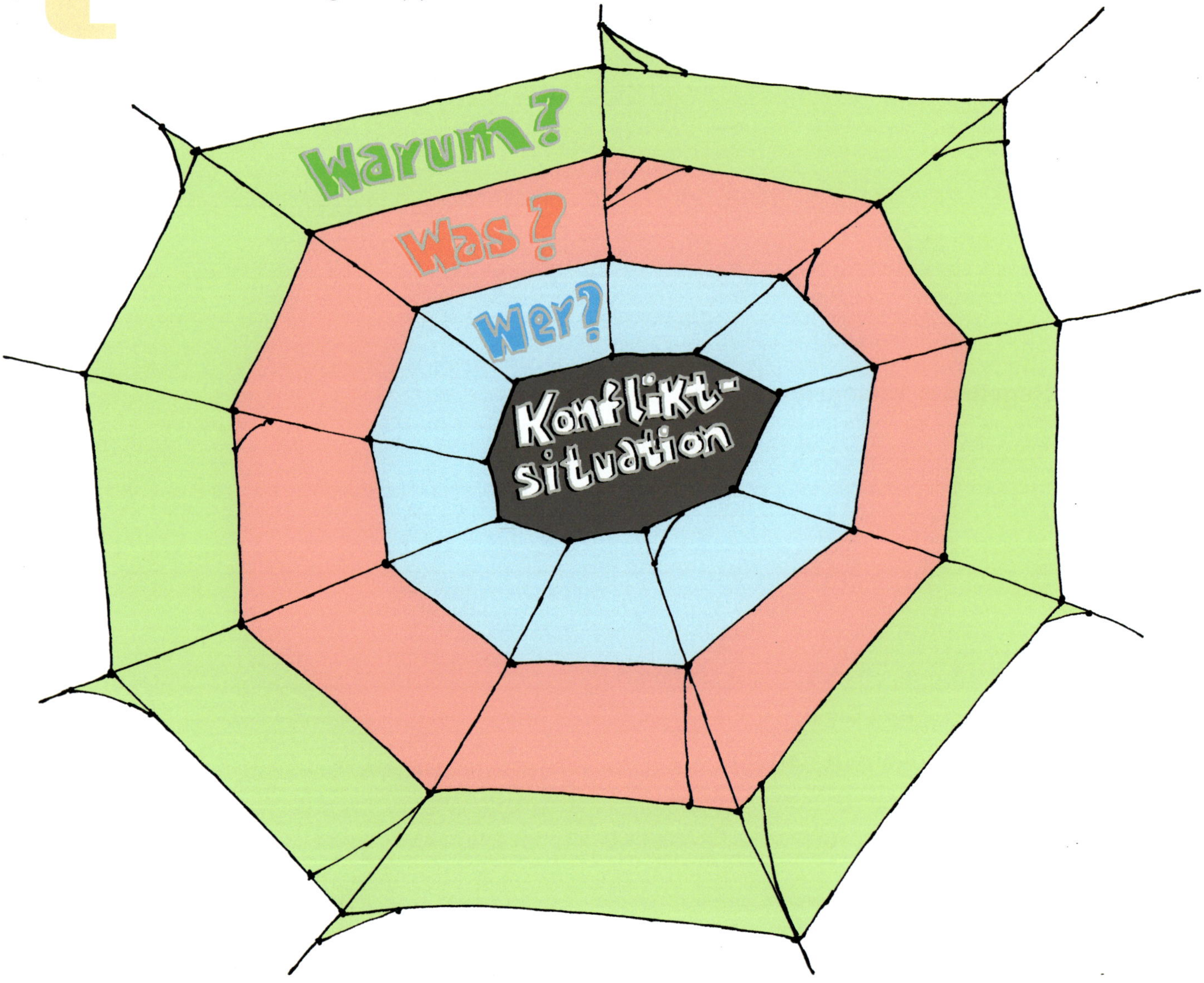


3 Besprecht, ob die Hauptaspekte des Konflikts deutlich geworden sind.

4 Diskutiert, ob oder inwieweit die Untersuchung zur Lösung des Konflikts beitragen kann.

# Gewalt – eine Mindmap

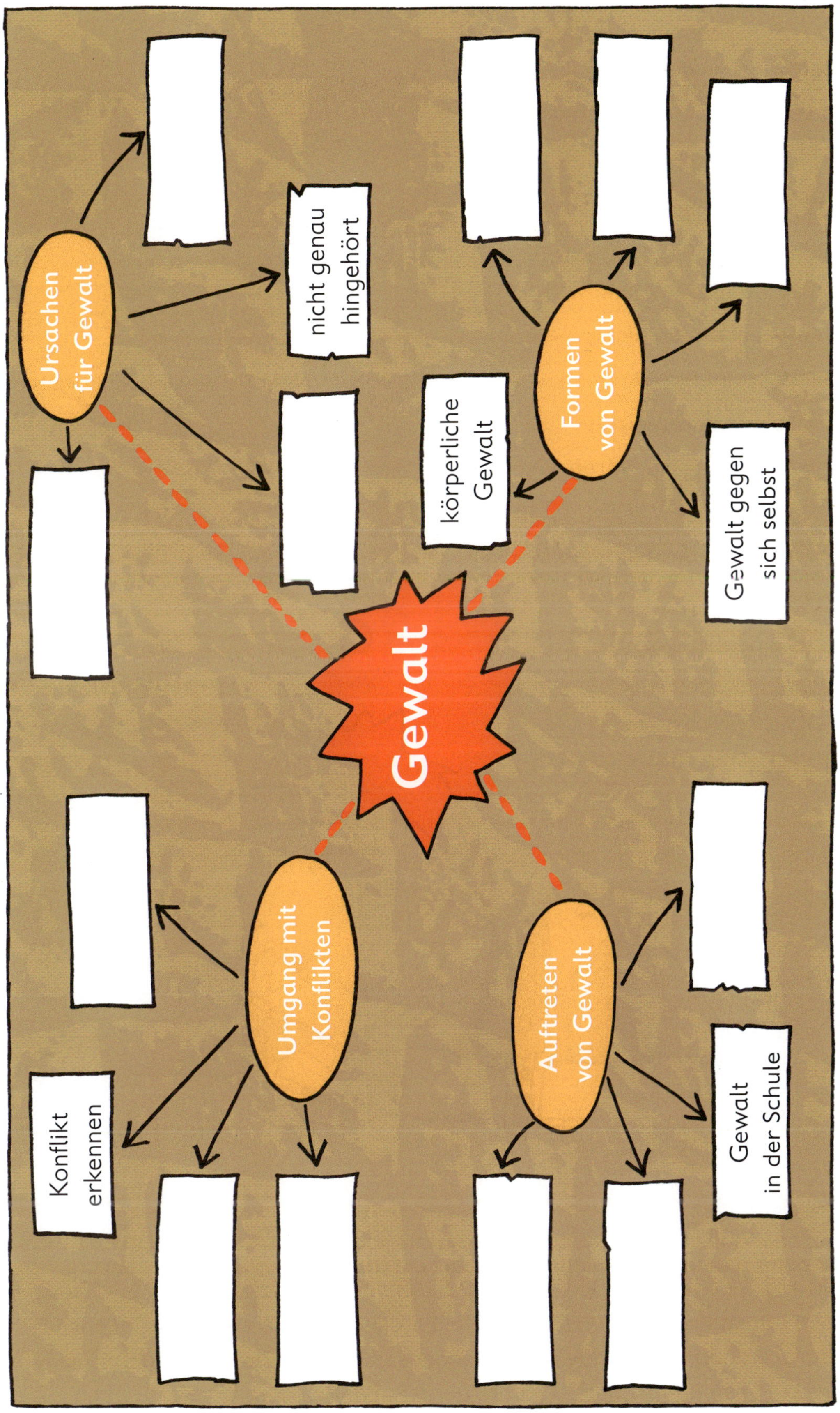


Fülle die leeren Kästchen weiter aus.

## Den Rücken stärken

### MANCHE MENSCHEN WISSEN NICHT …

Manche Menschen wissen nicht,
wie wichtig es ist, dass sie einfach da sind.
Manche Menschen wissen nicht,
wie gut es tut, sie nur zu sehen.
Manche Menschen wissen nicht,
wie tröstlich ihr gütiges Lächeln wirkt.
Manche Menschen wissen nicht,
wie wohltuend ihre Nähe ist.
Manche Menschen wissen nicht,
wie viel ärmer wir ohne sie wären.
Manche Menschen wissen nicht,
dass sie ein Geschenk des Himmels sind.
Sie wüssten es,
würden wir es ihnen sagen.

*Paul Celan: Manche Menschen*

**1** Zunächst liest einer von euch das Gedicht laut vor.

**2** Nehmt euch dann die letzten vier Zeilen dieses Gedichtes vor versucht danach zu handeln: Ihr klebt euch gegenseitig je ein Plakat auf den Rücken. Anschließend kann jeder zu jedem gehen und etwas Positives, d.h. nette Worte der Anerkennung, auf die Rückenplakate schreiben. Denkt daran: Mit netten Worten braucht man nicht sparsam umgehen!

# Dafür trage ich Verantwortung

Auch in deinem Leben gibt es Bereiche, in denen du Verantwortung übernehmen musst.

Für meine Geschwister trage ich Verantwortung.

Für mein Lernen trage ich Verantwortung.

Zeichne deine Verantwortungsbereiche in die freien Kreise oder notiere sie.

## Kinder und Jugendliche haben auch Rechte

In diesem Buchstaben-Rätsel sind Begriffe versteckt, die ausdrücken, was Kinder und Jugendliche brauchen. Die Begriffe können waagerecht und senkrecht versteckt sein.

| A | B | C | D | K | L | E | I | D | U | N | G |
|---|---|---|---|---|---|---|---|---|---|---|---|
| N | L | L | N | A | H | R | U | N | G | Q | A |
| E | S | Z | F | R | E | U | N | D | E | W | O |
| R | I | U | R | O | P | T | R | E | W | T | E |
| K | E | K | I | F | R | E | I | H | E | I | T |
| E | B | U | E | F | W | A | H | R | C | B | V |
| N | U | N | D | W | O | H | N | U | N | G | N |
| N | Ä | F | E | L | I | F | E | R | N | E | A |
| U | N | T | B | I | L | D | U | N | G | S | A |
| N | F | A | M | I | L | I | E | O | P | T | R |
| G | V | E | R | S | T | Ä | N | D | N | I | S |

Suche alle Begriffe heraus und schreibe sie auf.

## Meine Wertepyramide

Menschliche Werte sind in unsere Gesellschaft wichtig. Auch wer sich selbst darüber nicht immer genau im Klaren ist, hat doch seine oder ihre persönlichen Wertevorstellungen.

| | | | |
|---|---|---|---|
| ein Abenteuer suchen | sich an andere anpassen | anständig sein | arbeiten |
| sich weiterbilden | bescheiden sein | überlegt handeln | Disziplin haben |
| sich durchsetzen | ehrlich sein | Erfolg suchen | fleißig sein |
| fortschrittlich sein | freiheitsliebend | Freundschaften suchen | sich für Gleichheit einsetzen |
| Frieden schaffen | freundlich sein | an etwas glauben | gehorsam sein |
| Humor haben | konsumfreudig sein | kritikfähig sein | Leistung wollen |
| das Leben genießen | Liebe für wichtig halten | sich für Menschlichkeit einsetzen | Mitleid haben |
| sich annehmen | Mut haben | den Nächsten lieben | die Natur bewahren |
| Ordnung halten | seine Pflichten erfüllen | pünktlich sein | Ruhe bewahren |
| Sauberkeit lieben | Schönheit für wichtig halten | selbstständig sein | Selbstvertrauen haben |
| soziales Verhalten zeigen | tolerant sein | treu sein | Verantwortung übernehmen |
| vorsichtig sein | die Wahrheit sagen | Wohlstand schätzen | zuverlässig sein |
| Zivilcourage zeigen | | | |

Lies die Begriffe in der Wertetabelle und entscheide dann, welche Werte dir wichtig sind. Entwickle anschließend deine persönliche Wertepyramide. Das, was dir am wichtigsten ist, sollte oben in der Pyramide stehen.

# Freundschaft – was ist das?

Zwischenmenschliche Beziehungen prägen unser Leben in ganz besonderem Maße.

Freundschaft bedeutet mir …

1 Trage in die Schreiblinien ein, was dir Freundschaft bedeutet.

2 Zeichne dann Symbole der Freundschaft auf.

3 Vergleicht anschließend eure Ergebnisse in der Klasse:
Findet Gemeinsamkeiten und Unterschiede heraus.

## Der Johannisbrotbaum

Ein Weiser ging einmal über Land und sah einen Mann, der einen Johannisbrotbaum pflanzte. Er blieb bei ihm stehen und sah ihm zu und fragte: »Wann wird das Bäumchen wohl Früchte tragen?« Der Mann erwiderte: »In siebzig Jahren.«

Da sprach der Weise: »Du Tor! Denkst du in siebzig Jahren noch zu leben und die Früchte deiner Arbeit zu genießen? So pflanze lieber einen Baum, der früher Früchte trägt, dass du dich ihrer erfreust in deinem Leben.«

Der Mann aber hatte sein Werk vollendet und sah freudig darauf, und er antwortete: »Herr, als ich zur Welt kam, da fand ich Johannisbrotbäume und aß von ihnen, ohne dass ich sie gepflanzt hatte, denn das hatten meine Väter getan. Habe ich nun genossen, wo ich nicht gearbeitet habe, so will ich einen Baum pflanzen für meine Kinder oder Enkel, dass sie davon genießen. Wir Menschen mögen nur bestehen, wenn einer dem anderen die Hand reicht.«

**1** Lest den Text mit verteilten Rollen.

**2** Erkläre die Begriffe »Weiser« (Z.1, 6) und »Tor« (Z.6).

**3** Erläutere, was die Begriffe in diesem Text bedeuten.

**4** Inwiefern hat die Geschichte etwas mit »Gewissen« und »Verantwortung« zu tun?

**5** Wie beurteilst du das Verhalten des »Toren« im Text?

**6** Übertrage das Verhalten des »Toren« auf dein Leben und nenne Beispiele. Überlege: Kannst du etwas tun, das im Sinne des »Toren« wäre?

## Menschenpflichten

Vor einigen Jahren trafen sich in Wien ehemalige Staatspräsidenten aus der ganzen Welt, um unter dem Vorsitz des früheren deutschen Bundeskanzlers Helmut Schmidt zu diskutieren, welche Pflichten alle Menschen auf der ganzen Welt übernehmen sollten: die sog. »Menschenpflichten«. Stellt euch vor, ihr wäret als Klasse auch dabei gewesen und hättet eure Vorschläge vorgetragen.

**1** Diskutiert über folgende Fragen und schreibt eure Antworten mit Begründung auf.

a) Ist es möglich, von allen Menschen auf der ganzen Welt dieselben Pflichten zu verlangen? Warum bzw. warum nicht?

______________________________

______________________________

______________________________

b) Für welche Menschengruppen könnten »Menschenpflichten« formuliert werden? (Für Nationen oder für Kontinente oder für grenzüberschreitende Kulturen oder …? Welche Menschengruppen fallen euch noch ein?)

______________________________

______________________________

______________________________

______________________________

c) Schreibt nun mindestens sieben »Menschenpflichten« auf, die eurer Meinung nach für die einzelnen Menschengruppen oder für alle Menschen gelten sollen.

1 ______________________________

2 ______________________________

3 ______________________________

4 ______________________________

5 ______________________________

6 ______________________________

7 ______________________________

______________________________

**2** Nun könnt ihr im Internet unter www.info-servo.de/menschenpfl.htm nachlesen, was die ehemaligen Staatspräsidenten beschlossen haben, und es mit euren Vorschlägen vergleichen.

## Werte oder Normen?

| | | | | |
|---|---|---|---|---|
| Beim Essen nicht schmatzen | Soziales Miteinander | Konkrete Verhaltens-vorschriften | Andere grüßen | beim Husten die Hand vor den Mund halten |
| Gleichheit und Freiheit | Wohlstand | Freie Entfaltung der Persönlichkeit | Ehrlichkeit | Nächstenliebe |
| Grundgesetz | Gerechtigkeit | Besitz | Kunst | Schönheit |
| An die Tür klopfen | Alten Menschen im voll besetzten Bus seinen Platz anbieten | Regeln, wie man sich gegenüber anderen verhalten soll | Soziale Normen | Sitten oder Höflichkeits-regeln |
| Glaube an Gott | Treue | Gleichwertigkeit von Geschlecht, Abstammung, Sprache, Heimat, Herkunft, Religion oder Weltanschauung | Einhaltung der Menschenrechte | Toleranz |

| Werte | Normen |
|---|---|
| | |

Ordne die Begriffe aus der Tabelle den beiden Kästen zu.

## Lea fühlt sich angesprochen

Aufgeregt eilt die Lehrerin in die Klasse 8a. »Der Hausmeister hat mich eben angesprochen und ist sehr sauer auf euch. Euer Klassenraum sah gestern nach dem Unterricht aus wie ein riesiger Müllhaufen. Das geht auf keinen Fall!«.
Lea beschwert sich: »Warum schauen Sie mich schon wieder an? Immer soll ich es gewesen sein!«
Die Lehrerin ist über Leas patzigen Tonfall empört und bittet sie nach der Stunde zum Gespräch.

Ein Missverständnis?

**Die vier Seiten einer Nachricht**

| | Darum geht es Sachinhalt | So fühle ich mich Selbstoffen-barung | Unsere Beziehung Beziehung | Das möchte ich erreichen Appell |
|---|---|---|---|---|
| **Lehrerin: sagt/ fühlt** | Der Klassen-raum war nach der letzten Stunde nicht aufgeräumt. | Ich bin darüber ärgerlich. | Ich bin als Klassenlehrerin für meine Klasse verantwortlich. | Euer Verhalten muss sich ändern. |
| **Lea: hört/ fühlt** | »Du hast die Klasse nicht aufgeräumt!« | »Ich fühle mich angegriffen und bin wütend.« | »Ich bin der Lehrerin ausgeliefert.« | »Hören Sie auf, mich ungerecht zu behandeln.« |

Erläutert, was wohl in der Klasse 8a passiert ist und wie es zu der schlechten Stimmung gekommen ist.

## Lucas Outfit ist neu: »Wer lacht da?«

Lucas hat sich einen neuen Haarschnitt zugelegt; er ist sich aber nicht ganz sicher, wie die anderen in seiner Klasse ihn damit finden.
Morgens verlässt er den Bus und schlendert über den Schulhof an Madita, Anastasia und Kirstin vorbei. »Die machen sich sicher gerade wieder über einen lustig!«, denkt er im Vorbeigehen.
Die drei Mädchen lachen gerade über eine witzige Geschichte von Madita.
Gerade als Lucas an den Mädchen vorbeigeht, bemerkt Kirstin: »Sieht echt scharf aus!«
Lucas nimmt an, dass die drei Mädchen sich über ihn lustig machen und schimpft: »Hey, was willst du, Kleine?«
Ein Missverständnis?
Fülle die leeren Zeilen aus.

Kirstin wollte sagen:

Lucas hat verstanden:

So ist das Missverständnis entstanden:

So hätte man das Missverständnis vermeiden können:

## »Meine Klasse ist …?« – Pro- und Kontra-Einstellungen

Kalt« oder »warm« – kuschelig oder stachlig? Untersucht das »Klima« in eurer Klasse: Macht eine anonyme Klassenbefragung und findet heraus, ob ihr euch insgesamt wohl fühlt oder ob eher ein Klima des Mobbings herrscht. Die Auswertung erfolgt gemeinsam. Falls ihr die Klassensituation sehr unterschiedlich erlebt, könnt ihr euch über mögliche Ursachen austauschen.

| Fragebogen | Ja | Nein |
|---|---|---|
| In meiner Klasse fühle ich mich wohl. | | |
| Die meisten Schüler/innen begegnen mir freundlich. | | |
| Unsere Klassengemeinschaft ist gut; bei Problemen helfen wir uns gegenseitig. | | |
| In unserer Klasse wird nicht geschlagen, beleidigt oder getreten. | | |
| Wir haben Klassenregeln aufgestellt und halten sie ein. | | |
| In der Klasse kommt es oft zu Störungen. | | |
| In dieser Klasse gibt es Schüler/innen, die andere schlecht behandeln. | | |
| Viele trauen sich nicht, ihre Meinung zu äußern, weil sie ausgelacht werden | | |
| In unsere Klasse gibt es Außenseiter. | | |
| Viele von uns verbringen auch ihre Freizeit miteinander. | | |

Was gefällt dir, was stört dich an der Klassensituation?

Was würdest du gerne beibehalten oder verändern?

## Allein gegen alle? Ein Rollenspiel

Dominik ist seit zwei Monaten neu in der 8. Klasse. Es geht ihm dort nicht gut. Ständig wird er geärgert und übel beschimpft. Weghören? Andere beschimpfen? Zurückärgern? Dominik hat auf verschiedene Weisen versucht, sich zu wehren – doch vergeblich. Er fühlt sich allein gelassen und würde die anderen am liebsten zusammenschlagen. Schule macht ihm keinen Spaß mehr. Die Klassenlehrerin hat schon versucht, darüber mit der Klasse zu sprechen. Die Eltern von Dominik sind der Meinung, Dominik dürfe sich nicht alles gefallen lassen.

**1** Versucht, eine Lösung zu entwickeln. Dazu klärt zunächst folgende Fragen:

a) Was wissen wir über Dominik?

b) Welche Gefühle und Gedanken hat er?

c) Was hat die Klassenlehrerin bisher unternommen?

d) Was wissen wir über Dominiks Eltern?

**2** Nachdem ihr die Fragen beantwortet habt, entwickelt ihr in einem Rollenspiel eine mögliche Lösung.

## »Nur die Liebe zählt« – das Erfolgsrezept einer TV-Serie

1 In der TV-Show »Nur die Liebe zählt« werden Jugendliche aufgefordert, ein Plakat zu erstellen. Du willst am Wettbewerb teilnehmen und erstellst ein Plakat nach deinen Vorstellungen.

2 Diskutiert, warum die Show, die 1993 erstmals ausgestrahlt wurde, bis heute populär ist.

## Mein Medientagebuch

| Wochentag /Zeit | Radio | Computer | Fernseher | Zeitung oder Zeitschrift | Internet | Handy /Telefon | Computerspiele | Video /DVD | CD /MP3 |
|---|---|---|---|---|---|---|---|---|---|
| Montag | | | | | | | | | |
| 6.00 – 13.00 Uhr | | | | | | | | | |
| 13.00 – 18.00 Uhr | | | | | | | | | |
| 18.00 – 22.00 Uhr | | | | | | | | | |
| Dienstag | | | | | | | | | |
| 6.00 – 13.00 Uhr | | | | | | | | | |
| 13.00 – 18.00 Uhr | | | | | | | | | |
| 18.00 – 22.00 Uhr | | | | | | | | | |
| Mittwoch | | | | | | | | | |
| 6.00 – 13.00 Uhr | | | | | | | | | |
| 13.00 – 18.00 Uhr | | | | | | | | | |
| 18.00 – 22.00 Uhr | | | | | | | | | |
| Donnerstag | | | | | | | | | |
| 6.00 – 13.00 Uhr | | | | | | | | | |
| 13.00 – 18.00 Uhr | | | | | | | | | |
| 18.00 – 22.00 Uhr | | | | | | | | | |
| Freitag | | | | | | | | | |
| 6.00 – 13.00 Uhr | | | | | | | | | |
| 13.00 – 18.00 Uhr | | | | | | | | | |
| 18.00 – 22.00 Uhr | | | | | | | | | |
| Samstag | | | | | | | | | |
| 6.00 – 13.00 Uhr | | | | | | | | | |
| 13.00 – 18.00 Uhr | | | | | | | | | |
| 18.00 – 22.00 Uhr | | | | | | | | | |
| Sonntag | | | | | | | | | |
| 8.00 – 13.00 Uhr | | | | | | | | | |
| 13.00 – 22.00 Uhr | | | | | | | | | |
| Gesamt: | | | | | | | | | |

Meine Zeit! Liste deine Mediengewohnheiten eine Woche lang auf.

# Die Welt der Medien: für mich allein – oder …

| | Medien | Nutze ich allein | Muss ich mit anderen teilen, z. B. mit ____ |
|---|---|---|---|
|  | Digitalkamera | | |
|  | Bücher oder Comics | | |
|  | Radio | | |
|  | Computer/ Laptop | | |
|  | Fernseher | | |
|  | Zeitung oder Zeitschrift | | |
|  | Internet-Anschluss | | |
|  | Handy/ Telefon | | |
|  | Spielkonsole | | |
| 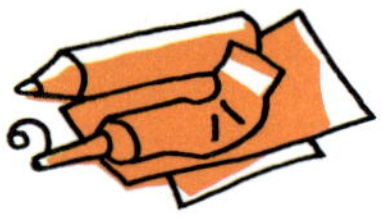 | Schreib- und Bastelsachen | | |
|  | Video/ DVD | | |
|  | CD/ MP3 | | |

**1** Überlege, mit welchen Medien du täglich umgehst und kreuze dann an, ob du sie mit anderen teilen musst oder nicht.

**2** Vergleicht eure Ergebnisse und findet heraus, ob es Trends in der alleinigen oder gemeinsamen Mediennutzung gibt: Diskutiert mögliche Gründe.

# Bedürfnisse und Werbung

Um Motive, Ziele und das Verhalten von Menschen besser zu verstehen, hat der Psychologe Abraham Maslow ein Modell der Bedürfnisbefriedigung entwickelt. Die einzelnen Stufen der Pyramide bilden die menschlichen Bedürfnisse. Sie bauen aufeinander auf, d.h. zuerst muss die niedrigste Stufe befriedigt sein, bevor die nächste an der Reihe ist.

Selbstverwirklichung

Individualität

Soziale Anerkennung

Karriere, Macht, Status

Soziale Beziehung

Kommunikation, Partnerschaft, Freunde

Sicherheit

Haus Wohnung, Versicherung

Grundbedürfnis

Essen, trinken, schlafen

Auch die Welt der Werbung orientiert sich an Maslows Modell – beim Anbieten von Produkten. Versuche, dir bekannte Werbespots den Stufen der Bedürfnispyramide zuzuordnen.

| Produkte | Stufen der Bedürfnispyramide |
|---|---|
| | |
| | |
| | |
| | |
| | |

## Ohne Medien

Stell dir vor: In einer großen deutschen Stadt erklärten sich die Bewohner/innen eines Stadtteils bereit, einen Monat lang ohne Medien wie Computer, Fernsehen Spielkonsolen u.Ä. auszukommen. Schon nach zwei Tagen musste die Polizei vermehrt eingesetzt werden, weil in den Wohnungen von Familien gewaltsame Auseinandersetzungen ausgebrochen waren.

Was könnte sich in dem Stadtteil abgespielt haben?

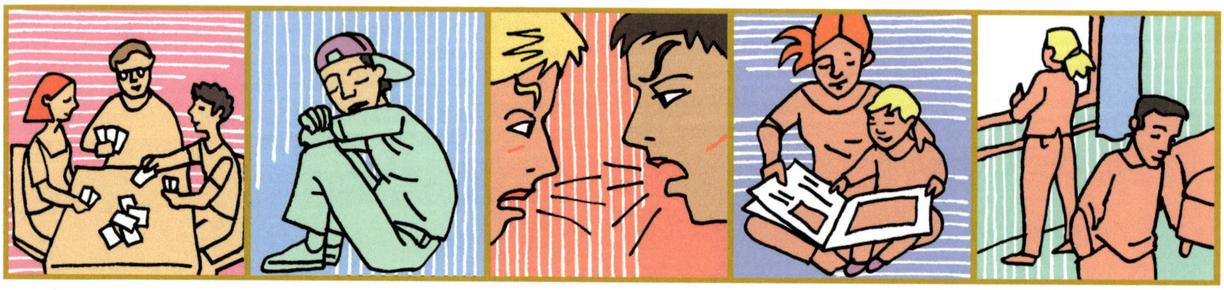

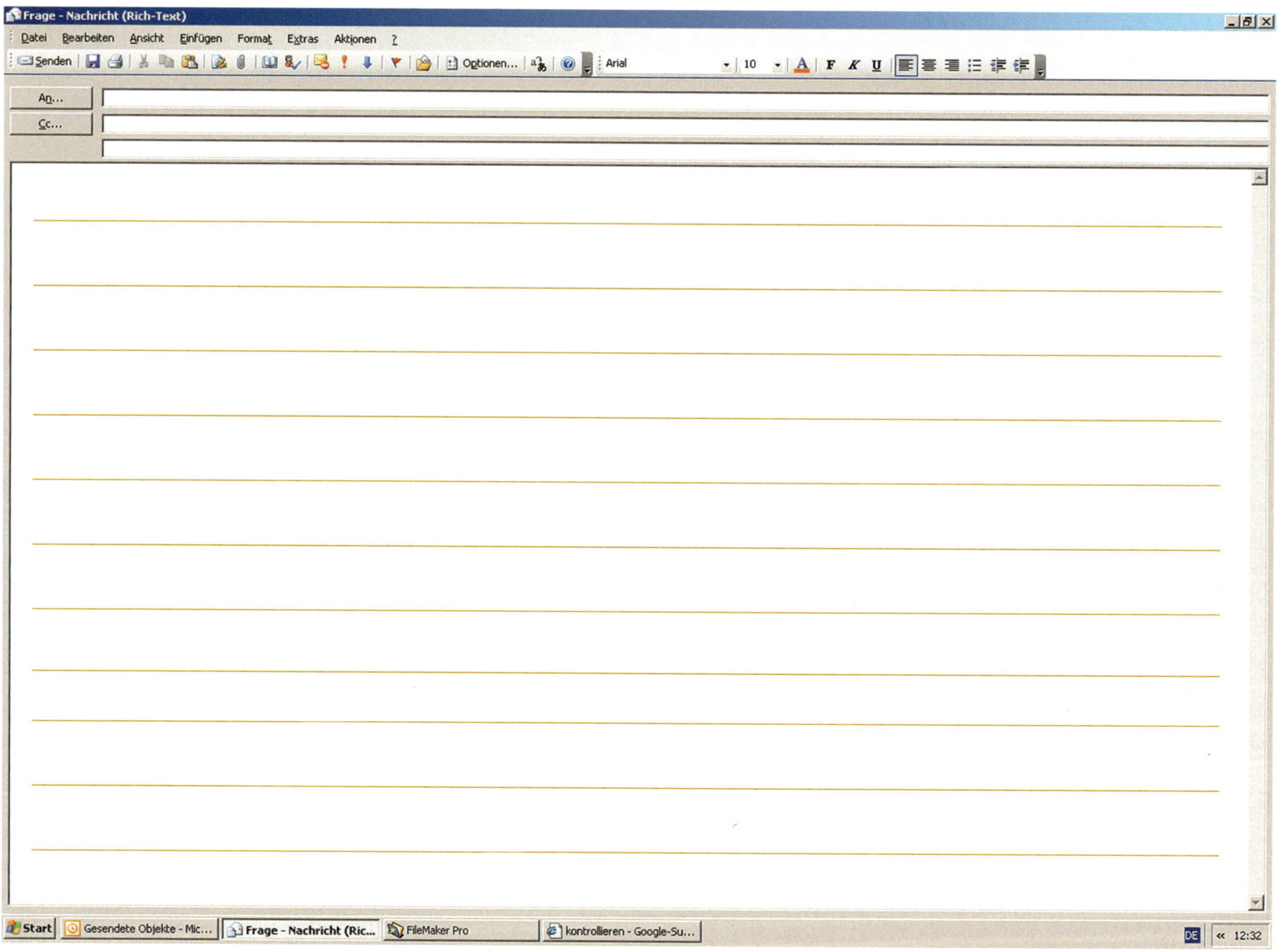


Schreibe einem Freund oder einer Freundin einen Brief oder eine Mail, in dem du ihm (ihr) mitteilst, wie dein Leben ohne Medien verlaufen würde.

Religion, Glauben, Beten – welche Bedeutung hat das in unserem Leben?
Die Frage stellt sich auch im Ethik-Unterricht, da die Weltreligionen das Zusammenleben der Menschen und ihre Wert- und Zielvorstellungen geprägt haben.
Doch warum interessieren sich so viele Menschen für Religion bzw. für die Religionen?
Ein wesentlicher Grund ist sicher, dass alle Religionen versuchen, dem Menschen Antworten zu geben auf die wesentlichen Fragen des Lebens:

**1** Denke nach, wann und wo du in deinem Leben mit Religion in Verbindung gekommen bist, und berichte kurz darüber:

______________________________

______________________________

**2** Schreibe folgenden Satz zu Ende:

*Religion bedeutet für mich* ______________________________

______________________________

______________________________

**3** Suche im Wörterbuch oder im Lexikon eine Definition des Wortes »Religion« und notiere sie hier:

*Religion:* ______________________________

______________________________

______________________________

# Judentum

Das Judentum, das Christentum, der Islam, der Buddhismus und auch der Hinduismus werden als »Weltreligionen« bezeichnet. Das bedeutet, dass ihre Lehren nicht an ein einziges Volk oder an eine einzige Kultur gebunden sind, sondern über die ganze Welt ausgebreitet sind. Auf den folgenden Seiten werden vier Weltreligionen nach ihren Ursprüngen, ihrem Gottesbild und nach der Stellung des Menschen befragt. Auch die Art und Weise der Religionspraxis im täglichen Leben wird thematisiert.

Das Judentum bildet die gemeinsame Wurzel von Christentum und Islam. Heute gibt es ca. 14 Millionen Juden auf der Welt, das sind weniger als 0,2 % der Weltbevölkerung. Im Staat Israel leben mehr als 5 Millionen Juden, in Nordamerika gibt es die größte jüdische Gemeinschaft mit fast 6 Millionen Juden. Vor dem Beginn der Verfolgung und Vernichtung durch das Nazi-Regime lebten in Deutschland 600 000 Menschen jüdischen Glaubens, heute sind es ca. 110 000.

1 Wo habe ich Erfahrungen mit dem Judentum gemacht und was habe ich davon gehört?

Die große Menorah an der Knesset, dem israelischen Parlamentsgebäude in Jerusalem, zählt zu den Wahrzeichen der Hauptstadt Israels.
Die Menorah, ein siebenarmiger Leuchter, ist eines der Symbole des Judentums.

## Die Ursprünge

Die jüdische Zeitrechnung beginnt vor ca. 3800 Jahren, also 1800 Jahre vor Christi Geburt. Diese Angaben bauen auf den Angaben der Hebräischen Bibel (Altes Testament) auf. Abraham und seine Söhne Isaak und Jakob, die der Überlieferung zufolge im 2. vorchristlichen Jahrtausend gelebt haben könnten, sind die Stammväter Israels. Als Zeichen des Bundes lassen sich die meisten Nachfahren Abrahams beschneiden.

## Der jüdische Gott

Im Mittelpunkt der jüdischen Religion steht der Glaube an einen Gott. Als Schöpfer und Erhalter der Welt hat er sich dem Volk Israel in besonderer Weise zugewandt. Er hat mit den Stammvätern Abraham, Isaak, Jakob und Moses als Stellvertreter für das Volk einen Bund geschlossen. Das Verhältnis des hebräischen (alttestamentlichen) Gottes zu seinem Volk Israel ist ein Rechts- und Bundesverhältnis: Gott verspricht seinem Volk Treue und Beistand auf dessen Weg durch die Geschichte, während dieses sich verpflichtet, die göttlichen Gebote einzuhalten. Der Glaube an die sog. Auserwählung bedingt auch den Verzicht des Judentums auf Mission, im Unterschied zu Christentum und Islam.

## Der Mensch im Judentum

Das Judentum wird getragen durch die Erinnnerung an seine Befreiungserfahrungen, ist aber auch geprägt durch Zeiten der Verfolgung. Der einzelne praktizierende Jude lebt in Verantwortung vor Gott. Er zeigt diese in seinem alltäglichen Leben und Handeln. Es gibt keinen Mittler zwischen Gott und den Menschen, der ihn von seiner Verantwortung befreien könnte, wenn er Gesetze und Vorschriften nicht einhält. Am höchsten jüdischen Feiertag, dem Jom Kippur (dt.: Sühne), bitten die Juden Gott und Mitmenschen um Vergebung. Sie verzichten an diesem Tag auf Essen und Trinken, um sich im Verzicht auf weltliche Dinge ganz auf das Versöhnungsgeschehen zu konzentrieren.

## Torah und Talmud

Die Torah (dt.: Lehre) enthält die den Juden auferlegten Gesetze, die Mose nach der Überlieferung von Gott offenbart worden sind. Die Torahrolle wird daher als heiligste Reliquie des Judentums in jeder Synagoge in kostbaren Schreinen aufbewahrt. Das Vorlesen aus der Torah ist ein wichtiger Bestandteil des jüdischen Gottesdienstes. Die durch die Torah vorgegebenen Gebote müssen jedoch interpretiert werden. Dies wird von den Rabbinern geleistet und ist im Talmud (eine Art Bibelauslegung) schriftlich niedergelegt. Der Talmud enthält somit die Essenz jüdischer Glaubenspraxis.

## Gottesdienst in einer Synagoge

2 Versuche, die Hintergründe der Riten im jüdischen Gottesdienst zu erläutern, indem du einen Experten befragst oder dich anhand eines Lexikons informierst.

3 Vergleiche den Gottesdienst in der Synagoge mit dem Sonntagsgottesdienst in einer christlichen Kirche oder dem Freitagsgebet in einer Moschee.

| | Synagoge | Kirche oder Moschee |
|---|---|---|
| Gemeinsamkeiten | | |
| | | |
| Unterschiede | | |
| | | |

## Christentum

Das Christentum bildet die größte Religionsgemeinschaft der Welt.
Im Jahre 2009 schätzte man 2,2 Milliarden Christen weltweit; das bedeutet, dass fast ein Drittel (32,5 %) der Weltbevölkerung christlichen Glaubens ist.
Die christliche Kirche enthält weltweit vier große Strömungen: die römisch-katholischen, die orthodoxen, die evangelischen und die Pfingstkirchen.

1 Wo habe ich Erfahrungen mit dem Christentum gemacht und was habe ich davon gehört?

### Die Ursprünge

Das Christentum erhielt seinen Namen von Jesus Christus. Unsere Zeitrechnung orientiert sich an seinem ursprünglich angenommenen Geburtsjahr, dem Jahr Null nach unserer heutigen Zeitrechnung.
Die Ursprünge des Christentums liegen in Israel um das Jahr 30 n.Chr. Die unter der römischen Besatzung leidenden Juden erwarteten einen Messias, einen politischen und religiösen Führer. In dieser Zeit tauchte der Bußprediger Johannes auf, der die Menschen zum Zeichen des Neubeginns im Jordan taufte. Etwas später als Johannes trat Jesus von Nazareth in die Öffentlichkeit; auch er predigte vom kommenden Gottesgericht und der notwendigen Umkehr der Menschen. Er ließ sich von Johannes taufen. Beide Bußprediger wurden von der politischen Obrigkeit (Johannes vom jüdischen König Herodes, Jesus vom römischen Statthalter Pontius Pilatus) hingerichtet. Der Apostel[1] Paulus öffnete die christliche Botschaft für Nichtjuden und wurde deshalb auch der »Heidenapostel« genannt.

1 Apostel: hier der ausgewählte Nachfolger Jesu in der Urkirche

### Jesus von Nazareth

Im Zentrum des Christentums steht eine geschichtliche Person: Jesus von Nazareth. Er wird als Vermittler zwischen Gott und Mensch angesehen, der von Gott auf die Erde gesendet worden sei. Seinem Tod am Kreuz folgte nach christlicher Lehre die Auferweckung bzw. Auferstehung.

### Der christliche Gott

Jesus nennt Gott »Abba«, d.h. auf hebräisch »Guter Vater«. In diesem Sinne ist der christliche Gott ein liebender und barmherziger Gott, der die Menschen trotz ihrer Sündhaftigkeit bei sich aufnimmt. Er ist ein Gott der Versöhnung. Die christliche Botschaft soll als Botschaft der Liebe verstanden werden, und Jesus fasst im Rückgriff auf das Alte Testament das wichtigste Gebot zusammen: »Du sollst den Herrn, deinen Gott, lieben aus deinem ganzen Herzen, aus deiner ganzen Seele, aus deinem ganzen Denken und aus deiner ganzen Kraft. Das ist das erste Gebot. Das zweite ist dieses: Du sollst deinen Nächsten lieben wie dich selbst.« (Markusevangelium, 12, 30–31)

## Der Mensch im Christentum

Der Mensch ist nach christlicher Lehre durch den Sündenfall (vgl. 1. Mose 3) zum Sünder geworden und kann durch Schuld und Leid in eine Lebenskrise geraten. Er findet jedoch bei Gott Vergebung der Sünden. Die Sündenvergebung ist ein Leitthema der Botschaft Jesu Christi. Der Mensch kann als Sünder auf Gottes Gnade zählen, wenn er seine Schuld bekennt und Christ wird. Der Glaube an die Auferstehung Jesu, die an Ostern gefeiert wird, bedeutet für den gläubigen Christen die Überwindung von Tod und Sünde

## Die vier Evangelien

Fast alles, was wir über Jesus und seine Lehre wissen, erfahren wir aus den vier Evangelien des Neuen Testaments. Diese zwischen 70 und 100 n. Chr. entstandenen Schriften sind weniger historische Berichte, als vielmehr Glaubensverkündigungen der frühchristlichen Zeit. Die moralischen Weisungen Jesu finden sich in der sog. Bergpredigt (Matthäusevangelium 5–7), die als ethische Leitlinie für Christen verstanden werden kann. Ebenso gelten die Zehn Gebote des Alten Testaments als Maßstab eines christlichen Lebens.

Gottesdienst in einer Kirche

**2** Überlegt euch Fragen zum Christentum und interviewt eine Pfarrerin oder einen Priester. Ihr könnt sie oder ihn auch in den Unterricht einladen.

**3** Besucht eine katholische Messe und/oder einen evangelischen Gottesdienst.

**4** Vergleicht den Besuch einer christlichen Kirche mit dem einer Synagoge oder einer Moschee.

# Islam

Der Islam ist neben dem Christentum die zweitgrößte Glaubensgemeinschaft der Welt. Schätzungen zufolge hat er weltweit mehr als 1,5 Milliarden Anhänger, die hauptsächlich im nördlichen Afrika, in den arabischen Staaten (wie Saudi-Arabien, Jordanien, Irak), in Indien, Iran, in der Türkei und in Indonesien leben. In Deutschland gibt es ca. 3,3 Millionen Muslime, das sind ca 4 % der Gesamtbevölkerung.
Der Islam ist die jüngste der Weltreligionen, er entstand vor ca. 1400 Jahren und ist somit ca. 2400 Jahre jünger als das Judentum und 600 Jahre jünger als das Christentum. Das Jahr 622 n. Chr. ist im islamischen Kalender das Jahr 1.

1 Wo habe ich Erfahrungen mit dem Islam gemacht und was habe ich davon gehört?

Sehitlik-Moschee in Berlin-Neukölln

## Die Ursprünge

Wie das Christentum geht auch der Islam von einer historischen Person aus: Der Prophet Mohammed lebte von 570–632 n. Chr. Zu Lebzeiten Mohammeds, Ende des 6. und Anfang des 7. Jahrhunderts, lag Arabien fernab der politisch bedeutenden Zentren wie Byzanz und Jerusalem. Die Menschen verehrten eine Vielzahl von Göttinnen und Göttern. Inmitten der arabischen Halbinsel liegt Mekka, der Geburtsort Mohammeds. Mekka war schon in dieser Zeit ein bedeutender Wallfahrtsort. Mohammed lebte bis zu seinem 40. Lebensjahr als vermögender Kaufmann. Im Jahre 610 n. Chr. zog er sich in eine Höhle am Berg Hira zurück und erlebte dort intensive Visionen[1]. Sie kündeten ein nahendes Endgericht Gottes an, vor dem sich die Gläubigen ins Paradies flüchten können. Dazu gilt es, die Weisungen Gottes zu befolgen, die später im Koran schriftlich niedergelegt wurden. Mohammed erkannte die Visionen als göttlichen Auftrag, und es gelang ihm, eine Gemeinde aufzubauen. Da er sich gegen den Polytheismus und die Geschäftstüchtigkeit der Kaufleute in Mekka wendete, musste er 622 n. Chr. nach Medina (Stadt des Propheten) auswandern. Dort formte er seine Lehre weiter aus und löste sie von der christlichen und jüdischen Glaubensüberzeugung als eigene Religion.

1 Vision: innere Vorstellung, Erscheinung vor dem geistigen Auge

## Der Prophet Mohammed

Für den Islam ist Mohammed ein Mensch, der alle anderen Menschen überragt und daher ein Wegweiser und Vorbild ist. Er übertrifft als Prophet alle anderen Propheten der Bibel und hat den Islam gegründet und verbreitet. Für die Muslime ist Mohammed frei von Sünde und Irrtum und das schönste Beispiel eines Menschen, an dem sich alle Tugenden aufzeigen lassen. Aber er ist ein Mensch, dem keine göttlichen Qualitäten zukommen, im Gegensatz zu Christus, der von den Christen als »Sohn Gottes« verehrt wird.

## Der Koran – Gottes Wort

Wie in den meisten Weltreligionen, gibt es auch im Islam eine heilige Schrift, den Koran. Im Gegensatz zu den Schriften der übrigen Religionen verehren jedoch die Muslime den Koran als die Offenbarung Gottes, die als Urkoran schon immer bei Gott gewesen und dem Propheten Mohammed durch den Engel Gabriel offenbart worden sei. Der Koran ist aus Sicht der Gläubigen Gottes Wort.

## Allah – der Gott der Muslime

Der Islam betont in besonderer Weise Gottes Allmacht, denn gegen seinen Willen könne nichts geschehen. Doch auch im Koran finden sich Belege für die Freiheit des Menschen, die Gebote und Pflichten des Korans zu erfüllen oder zu missachten.

## Die fünf Säulen des Korans – Pflichten aller Muslime

Der Koran enthält wesentliche ethische Bestimmungen, die in den sog. fünf Säulen des Korans zusammengefasst sind:

| | |
|---|---|
| 1. | Das Bekenntnis zu dem einen Gott Allah und Mohammed als seinem Gesandten. |
| 2. | Das rituelle[1] Pflichtgebet, das fünfmal am Tag gebetet wird – vormittags, mittags, nachmittags, vor Sonnenaufgang und nach Sonnenuntergang, nach Mekka gerichtet, der Geburtsstadt Mohammeds. |
| 3. | Die regelmäßige Pflichtabgabe zugunsten der Gemeinschaft. |
| 4. | Das Fasten im Monat Ramadan, in dem der Inhalt des Korans Mohammed offenbart wurde. |
| 5. | Die Pilgerreise nach Mekka am Ende des Fastenmonats Ramadan. |

1 Ritus: a.) religiöser Brauch in Worten, Gesten und Handlungen
b.) das Vorgehen nach festgelegter Ordnung; Zeremoniell

Auf den Abbildungen seht ihr die Gebetshaltungen der täglichen Gebete und – in Übersetzung – die dazugehörigen Worte.

»Gott ist groß.«

»Im Namen des barmherzigen und gnädigen Gottes.«

»Ruhm und Preis meinem Gott, dem Allmächtigen.« (3x) »Möge Gott den hören, der ihn preist, dir, mein Herr, die Lobpreisungen.«

»Ruhm sei Gott, dem Höchsten.«

»Mein Gott, vergib mir, erbarme dich meiner. [...] Es gibt keinen Gott außer Gott; und ich bezeuge, dass Mohammed der Gesandte Gottes ist.«

»Der Friede sei mit euch und die Barmherzigkeit Gottes.«

**2** Besucht gemeinsam eine Moschee und überlegt: Welche Bedeutung bekommt die Religion im Bewusstsein des Gläubigen, wenn er sich täglich fünfmal dem Pflichtgebet widmet.

**3** Vergleiche deine Eindrücke mit den Besuchen in der christlichen Kirche und in der jüdischen Synagoge.

# Juden, Christen, Muslime

| 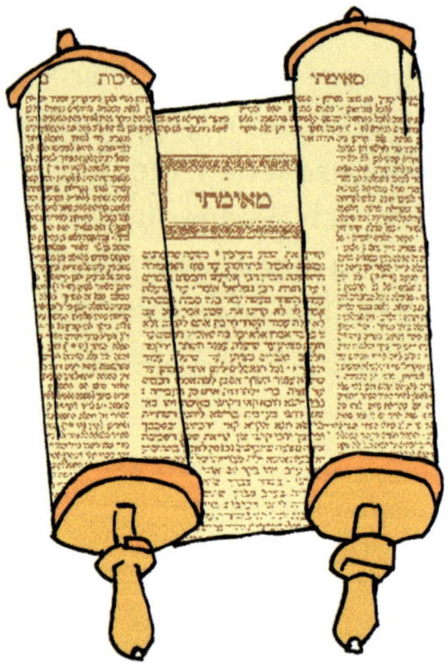 |  |  |
|---|---|---|
| Jesus als Sohn Gottes bekennen | An einen Gott glauben | Die 10 Gebote kennen |
| Abraham, Moses und Mohammed als Propheten | Gott: hat die Israeliten aus Ägypten befreit | Zum Gebet gerufen werden |
| Jesus: von den Toten auferstanden | Heilige Schriften oder Bücher als Basis der eigenen Religion | Die Kaaba: ein heiliger Ort |
| Abgaben an die Armen zahlen | Zu Gott beten | Kein Schweinefleisch essen |
| In der Bibel lesen | Im Koran lesen | Nach der Torah leben |
| In der Moschee beten | Eine Synagoge besuchen | In die Kirche gehen |

| **Juden** | **Christen** | **Muslime** |
|---|---|---|
| | | |
| | | |
| | | |
| | | |
| | | |
| | | |

Lies die folgenden Aussagen durch und schreibe sie dann in die jeweils passenden Kästchen. Einige Aussagen lassen sich mehrfach zuordnen.

## Buddhismus – eine Religion?

Der Gründer des Buddhismus ist ______________________.

Er lebte etwa von 560 bis 480 v.Chr. Seine Anhänger nannten ihn auch Buddha. Er wuchs in einer reichen Umgebung auf, verließ aber alles, um seinen ______________________ zu suchen. Das Leid der Welt bewegte ihn tief und er suchte nach Lösungen für seine Fragen. Das gelang ihm lange Zeit nicht. Bei verschiedenen Lehrern lernte er ______________________ und ____________________ kennen. Aber er fand dadurch keine Erleuchtung. Diese wurde ihm erst unter dem ______________________ zuteil. Unter diesem Baum wollte er solange in der Meditation verharren, bis er sich von dem Leid erlöste fühlte. Nach sechs Tagen und sechs Nächten erlangte er die »Erleuchtung«. Diese war für ihn der Durchbruch aus dem Leid zur Erlösung. In ihm entstand die Erkenntnis: »Ich bin erlöst. Vernichtet ist die Geburt, vollendet der heilige Wandel, erfüllt die Pflicht; keine Rückkehr gibt es mehr zu dieser Welt.« Bei dieser Erleuchtung schien er nicht mehr von ______________________________________________ begrenzt zu sein. Von diesem Tag an nannte er sich »Buddha«, d.h. der Erleuchtete. Mit 36 Jahren begann Buddha im indischen Benares durch viele Predigten das ______________________ in Bewegung zu setzen. Diese Lehre besteht in __________________________: rechtes Glauben, rechtes Entschließen, rechtes Wort, rechte Tat, rechtes Leben, rechtes Streben, rechtes Gedenken, rechtes sich versenken. Buddhas Lehre gewinnt seit Jahrzehnten auch außerhalb Ostasiens, z.B. in Europa, viele ________________: Ist der Buddhismus eine Religion?

Vervollständige den Text mit Hilfe der unten stehenden Begriffe. Hilfen findest du in deinem Ethikbuch im Unterkapitel »Buddhismus« oder im Internet.

| | | |
|---|---|---|
| die Meditation | »Rad der Lehre« | Anhänger |
| »Baum der Erkenntnis« | Sinn des Lebens | die Askese |
| »acht Pfaden«; | Vergangenheit, Gegenwart und Zukunft | Gautama Siddharta |

# Hinduismus

Fülle die Kästchen aus, informiere dich dazu in deinem Ethikbuch, im Internet oder in Nachschlagewerken (Lösungen: vgl. Umschlagseite 3/Impressum).

Die Götter im Hinduismus heißen:

Die wichtigsten heiligen Schriften heißen

Wichtige Symbole sind:

Brahma – einer der Götter

Der Sinn des Lebens ist:

Ein Hindu lebt mit und unter folgenden Strukturen und Autoritäten:

Die religiösen Pflichten eines Hindus sind:

| Bezeichnung der Anhänger | |
|---|---|
| Anzahl in Millionen | |
| Verbreitungsgebiete | |
| Entstehung | |
| Stifter | |
| Gott/Gottesbild | |
| Weltbild | |
| Wege der Erlösung | |
| Heilige Schriften | |
| Gebetsstätte(n) | |
| Besondere Orte | |
| Amtsträger | |
| Feiertage | |
| wichtige Regeln | |
| Symbol(e) | |

Fertige über eine Weltreligion einen Steckbrief an und präsentiere sie in der Klasse.

# Religion im Alltag

Die Frage, ob es einen Gott gibt.

Einer fragte Herrn K., ob es einen Gott gäbe. Herr K. sagte: »Ich rate dir nachzudenken, ob dein Verhalten je nach der Antwort auf diese Frage sich ändern würde. Würde es sich nicht ändern, dann können wir die Frage fallen lassen. Würde es sich ändern, dann kann ich dir wenigstens noch so weit behilflich sein, dass ich dir sage, du hast dich schon entschieden: Du brauchst einen Gott.«

Bertolt Brecht, 1898–1956, deutscher Schriftsteller

**1** Erkläre, was Herr K. meint mit dem Ausspruch: »Du brauchst einen Gott.«

**2** Erkläre, weshalb für manche Menschen die Frage, ob es einen Gott gibt, so wichtig ist.

**Interview: Wie wichtig ist für dich/Sie die Religion?**

**3** Interviewe fünf oder mehr Personen über ihre Beziehung zur Religion.
Dies kann auch anonym geschehen. Du kannst entweder ein Aufnahmegerät mitnehmen oder die Antworten auf die Fragen während des Interviews aufschreiben.

1. Gehörst du/Gehören Sie einer Religionsgemeinschaft an? ☐ Ja ☐ Nein
2. Wenn ja, welcher?
3. Übst du/Üben Sie deine/Ihre Religion aktiv aus? ☐ Ja ☐ Nein
4. Wenn ja, wie? Wenn nein, warum nicht?
5. Welchen Sinn erfüllt die Religion für dich/Sie?

**4** Wertet die Fragebögen gemeinsam aus und stellt eine Statistik über die Ergebnisse zusammen.

**5** Diskutiert die Ergebnisse: Was fällt auf?

# Infobogen Religionsgemeinschaft

Ergänzend zu Abenteuer Mensch sein, Band 2 (S. 170–183),
könnt ihr dieses Muster zur Information über religiöse Gruppierungen ausfüllen.

Name: ______________________ Symbol: ______________

Einstufung als ☐ christlich ☐ hinduistisch-buddhistisch ☐ allgemein-religiös
☐ satanisch ☐ Psychokult

**Wichtige Daten:**

Wann und von wem begründet: ______________________

Mitgliederzahl und Verbreitung: ______________________

Adressatengruppe: ______________________

Art der Werbung: ______________________

Vermögen und Vermögensbildung: ______________________

**Selbstverständnis:**

Lehre und Ziele: ______________________

______________________

______________________

Stellung des Gründers: ______________________

______________________

Lebensform: ______________________

______________________

**Einschätzung:**

Festzustellende Merkmale: ______________________

______________________

______________________

Umgang mit Aussteigern: ______________________

Gefährlichkeit? ______________________

______________________

## Merkmale einer »Sekte«

1. In einer »Sekte« gibt es häufig eine Führungspersönlichkeit, die alle verehren und deren Aussagen und Anweisungen nicht hinterfragt werden. Ja ☐ Nein ☐

2. Die »Sekte« reguliert viele und ganz persönliche Bereiche der Sektenmitglieder. Ja ☐ Nein ☐

3. In einer »Sekte« gibt es viele Überwachungsmechanismen, um die einzelnen Mitglieder und deren Verhalten zu kontrollieren. Ja ☐ Nein ☐

4. Die »Sekte« ist von der Notwendigkeit ihrer Existenz absolut überzeugt. Ja ☐ Nein ☐

5. »Sekten« verhalten sich neutral und akzeptieren auch andere religiöse Gruppen. Ja ☐ Nein ☐

6. Häufig schreibt die »Sekte« vor, zu Außenstehenden keinen Kontakt und schon gar nicht eine Liebesbeziehung aufnehmen zu dürfen. Ja ☐ Nein ☐

7. Eine »Sekte« nimmt von ihren Mitgliedern viel Zeit in Anspruch, damit sie kaum noch Zeit für sich haben. Ja ☐ Nein ☐

8. Manchmal nimmt eine »Sekte« den Mitgliedern sehr viel Geld ab und verlangt, alles persönliche Hab und Gut abzugeben. Ja ☐ Nein ☐

9. Mitglieder einer »Sekte« können ohne große Schwierigkeiten aus der Sekte austreten. Ja ☐ Nein ☐

Lies die einzelnen Aussagen und entscheide, ob sie richtig oder falsch sind.

## Partygag oder mehr?

| Praxis | funktioniert bestimmt nicht | könnte funktionieren | funktioniert sicherlich | schon ausprobiert (ohne Erfolg) | schon erfolgreich ausprobiert |
|---|---|---|---|---|---|
| Gläserrücken | | | | | |
| Automatisches Schreiben (mit oder ohne kleines Tischchen) | | | | | |
| Spiritistische Sitzung | | | | | |
| Horoskopdeutung | | | | | |
| Pendeln über dem Alphabet | | | | | |
| Wünschelrutengehen | | | | | |
| Handlesen | | | | | |
| Tarotkarten legen | | | | | |

**1** Von einigen Praktiken wirst du schon mal gehört oder diese vielleicht sogar ausprobiert haben: Kreuze zunächst deine persönlichen Einschätzungen an.

**2** Informiert euch über Hintergründe »übernatürlicher« Praktiken (s. Abenteuer Mensch sein 2, S. 178–181). Diskutiert mögliche Schlussfolgerungen.

## »Sekten« und Szenen – ein Steckbrief

Mormonen

Ziele: ______________________________

______________________________

______________________________

Verbreitung: ______________________________

______________________________

Entstehung (z.B. Gründer): ______________________________

______________________________

Scientology

Ziele: ______________________________

______________________________

______________________________

Verbreitung: ______________________________

______________________________

Entstehung (z.B. Gründer): ______________________________

______________________________

Esoterik

Ziele: ______________________________

______________________________

______________________________

Verbreitung: ______________________________

______________________________

Entstehung (z.B. Gründer): ______________________________

______________________________

Erkundigt euch über die angegebenen »Sekten« und Szenen, z.B. beim Bundesverband Sekten- und Psychomarktberatung: www.agpf.de.
Füllt danach die leeren Kästen aus.

Jeder Mensch ist ein Abgrund.

Georg Büchner, 1813–1837, deutscher Dichter

Der Mensch: ein durch die Zensur gerutschter Affe.

Gabriel Laub, 1928–1998,
polnisch-deutscher Schriftsteller

Beim Menschen ist kein Ding unmöglich. Im Schlimmen, wie im Guten.

Christian Morgenstern, 1871–1914,
deutscher Schriftsteller

Der Mensch ist die Krone der Schöpfung. Wie schade, dass es eine Dornenkrone ist.

Stanislaw Jerzy Lec, 1909–1966, polnischer Lyriker

Was ist der Mensch? Halb Tier, halb Engel.

Joachim Lorenz Evers, 1758–1807, deutscher Schriftsteller

Der Mensch ist das Maß aller Dinge.

Protagoras von Abdera,
ca. 485–415 v.Chr., griechischer Philosoph

Denn ich bin ein Mensch gewesen, und das heißt ein Kämpfer sein.

Johann Wolfgang von Goethe, 1749–1832,
deutscher Dichter

Des Menschen Herz erdenkt sich seinen Weg; aber der HERR allein lenkt seinen Schritt.

Sprüche Salomons 16,9

1 Besprecht in der Klasse, was die einzelnen Zitate über den Menschen aussagen.

2 Überlege dir drei eigene Beschreibungen des Menschen und schreibe sie in die leeren Zeilen.

3 Stellt eure Ergebnisse der gesamten Lerngruppe vor und diskutiert eure verschiedenen Definitionen des Menschen.

## Was ist der »Sinn«?

1 Notiere um das Wort »Sinn« herum alle Wörter, Sprichwörter oder Aussprüche, die das Wort »Sinn« enthalten:

2 Schreibe die drei Begriffe auf, die deiner Meinung nach am wichtigsten sind:

a.) ______

b.) ______

c.) ______

3 Schlage das Wort nach und notiere die dort aufgelisteten Bedeutungen:

## »Du bist ein Kind des Universums«[1] – anders herum

- Sei hektisch inmitten von Lärm und Hast.
- Gib dich selbst auf und streite dich mit allen Menschen.
- Sag deine Lügen jedem ins Gesicht und höre niemanden an, denn die Dummen und Unwissenden haben nichts zu erzählen.
- Vergleiche dich immer mit anderen Menschen und versuche, besser zu sein als sie.
- Genieße nie, was du erreicht hast und freue dich nicht auf die Zukunft.

- Sei dir nie selbst treu.
- Heuchle Zuneigung, auch wenn du keine empfindest.
- Der Liebe gegenüber musst du zynisch sein, denn sie kann zu einem unsicheren Faktor in deinem Leben werden.
- Sei nie nett zu dir selbst, denn du bist nur ein winziger Krümel im Universum.
- Du hast kein Recht auf der Welt zu sein.
- Am Ende wirst du feststellen, dass die Welt aufgrund aller Enttäuschungen und aller zerbrochenen Träume, nicht schön ist.

1 Desiderata (Ersehntes) – gefunden in der St.-Pauls-Kirche in Baltimore, 1692.

Lies die Behauptungen und versuche, die negativen Sätze in positive Aussagen zu verwandeln.

## Da fühlte ich mich getragen

Andere Menschen haben sich um dich gekümmert, weil sie sich für dich verantwortlich fühlten. Vielleicht gibt es einige Situationen, in denen du dich getragen fühltest und an die du dich erinnerst. Schreibe diese in die Kästchen.

# Meine Freizeit: was, wie, wo?

Freizeitkatalog von:

(Ort)

1. Nenne Sehenswürdigkeiten in deinem Ort (Stadteil).

2. Beschreibe, welche Freizeitangebote du hier wahrnehmen kannst.

3. Schreibe auf, was speziell für Jugendliche angeboten wird.

4. Notiere, ob oder welche Jugendgruppen es in deinem Ort gibt.

5. Zeige auf, wo es interessante Treffpunkte für Jugendliche gibt.

6. Finde heraus, ob es in deinem Ort einen Freizeitpass gibt.

7. Notiere, welche dörflichen oder städtischen Feste es gibt ( Kirmes, Dorffest, Straßenfest usw.).

# Armut und Reichtum

**1** Wenn du drei Wünsche frei hättest, was würdest du dir wünschen?

1. ______
2. ______
3. ______

**2** Diskutiert über die Sprichwörter und erklärt mit euren eigenen Worten, was sie bedeuten. Gebt in eurer Erklärung eine Antwort auf die Frage »Warum?«. Beispiel: Warum meint Arthur Schopenhauer, die Menschen würden durch den Reichtum immer »durstiger« werden, als ob sie Seewasser getrunken hätten?

Der Reichtum gleicht dem Seewasser: Je mehr man davon trinkt, desto durstiger wird man.

Arthur Schopenhauer, 1788–1860, deutscher Philosoph

Erklärung: ______

Es werden so viele schöne Worte über Freiheit geredet, aber nichts auf der Welt macht so unfrei wie Armut.

Martin Andersen-Nexø, 1869–1954, dänischer Schriftsteller

Erklärung: ______

Nicht, wer viel besitzt, ist reich, sondern wer viel gibt.

Erich Fromm, 1900–1980, jüdisch-deutsch-amerikanischer Psychoanalytiker

Erklärung: ______

In der Armut liegt ein Glanz verborgen, der Glanz des Authentischen[1].

Ernesto Cardenal, *1925, Schriftsteller, Priester und Politiker in Nicaragua

Erklärung: ______

1 authentisch: echt

**3** Überlege nun, ob deine drei Wünsche etwas mit Armut und Reichtum zu tun haben, und wenn ja, was.

1. ______
2. ______
3. ______

Welche Wörter gibt es, die dasselbe oder etwas Ähnliches bedeuten wie Reichtum oder Armut? Ihr könnt in einem Wörterbuch für sinn- und sachverwandte Wörter oder im Internet nachsehen und sie in die freien Linien eintragen.

**Reichtum**

Geld

**Armut**

Elend

**Definitionen**

Überlegt euch Definitionen, die ihr wie einen Lexikonartikel schreibt. Berücksichtigt dabei alles, was auf S. 55/56 in den Sprichwörtern und Aufgaben angesprochen wurde. Ihr könnt zuerst stichwortartig alle Bedeutungen an der Tafel sammeln. Geht besonders der Frage nach, welche persönlichen und gesellschaftlichen Folgen sich aus Armut und Reichtum ergeben können.

Armut bedeutet: ______________________________

Reichtum bedeutet: ______________________________

# Der Weg in die Armut

Harald Meier war leitender Angestellter in einer großen Firma.
Dort arbeitete er viele Jahre und verdiente gutes Geld; von den Ersparnissen baute er für sich und seine Familie ein Haus.

Doch seit einiger Zeit lebt Meier überwiegend unter der Stadtbrücke – zusammen mit anderen Obdachlosen.

Erfinde eine Geschichte, in der du beschreibst, was in der Zwischenzeit passiert sein könnte.

Stell dir vor du sitzt in diesem Raumschiff und überfliegst die Erde.
Du erkennst vieles, was dir gut gefällt. Aber manches liegt auch im Argen.
Schreibe in die roten Felder, was im Argen liegt und in die blauen Felder, was dir gut gefällt.

## Mit der Erde gut umgehen

1.

2.

3.

4.

5.

6.

7.

8.

9.

10.

Unsere Erde droht eine Müllhalde zu werden. Menschen gehen verantwortungslos mit der Natur um und bedenken nicht, dass nach ihnen auch noch Menschen auf dieser Welt leben müssen.

Stell dir vor, du hast die Aufgabe, den Menschen Anweisungen zu geben, wie sie gut mit der Welt umgehen können: Welche Anweisungen würdest du geben.

| | |
|---|---|
| A | leinsein, Ausgrenzung |
| B | |
| C | |
| D | |
| E | lend, Einzimmer-Absteige |
| F | |
| G | |
| H | |
| I | |
| J | |
| K | ein Essen |
| L | |
| M | |
| N | |
| O | |
| P | |
| Q | |
| R | |
| S | |
| T | |
| U | |
| V | |
| W | |
| Z | |

Schreibe zu jedem Buchstaben Begriffe, die dir zum Thema »Armut« einfallen.
Ihr könnt diese Aufgabe auch als Gruppenarbeit lösen.

## Plakat gegen Kinderarmut

»Jedes sechste Kind in Deutschland ist von Armut betroffen.«
Das sagt der UNICEF-Bericht zur Lage der Kinder in Deutschland vom Mai 2008.

Bei sozial benachteiligten Kindern ist zu beobachten, dass sie ...

- sich ungesünder ernähren.
- sich weniger bewegen.
- immer häufiger in bestimmten Wohnvierteln unter sich bleiben.
- keine guten Schulen besuchen.
- nur mangelhafte Ausbildungsmöglichkeiten haben.
- keine ausreichend soziale Unterstützung haben.

Es entwickeln sich sog. »Armutskarrieren«. Fehlende Bildungschancen führen dazu, dass wichtige Fähigkeiten von Kindern und Jugendlichen verloren gehen.

Erstelle ein Plakat oder ein Flugblatt, mit dem du gegen Kinderarmut und ihre Folgen protestierst.

Das Verhältnis zwischen Mensch und Natur ist vielschichtig, und die Natur spielt für das Leben des Menschen immer eine bedeutende Rolle. Der Mensch kann die Natur verehren oder sich an ihr erfreuen, wie z.B. an einem blühenden Frühlingsbaum. Er kann sie in den Naturwissenschaften erforschen und durch die Landwirtschaft als Nahrungsquelle nutzen. Er kann in Konflikt mit der Natur geraten durch Umweltzerstörung, oder die Natur kann ihm übermächtig erscheinen wie bei Naturkatastrophen. Ökonomische Interessen stehen oft in Konfrontation zu ökologischen Interessen. Es wird nach neuen Wegen gesucht, beides miteinander in Einklang zu bringen, wie beispielsweise bei der Suche nach erneuerbaren Energien. Einige Menschen haben ihr Verhältnis zur Natur in Gedichten beschrieben.

**Sonnengesang**

Ich lobe dich für die Schwester Sonne!
Du zündest sie jeden Tag für uns an.
Sie ist schön und glänzt.
Sie erzählt uns von dir.

Ich lobe dich für den Bruder Wind,
für die Luft und die Wolken,
für schönes und schlechtes Wetter!
Du hast sie gemacht, damit wir leben können.

Ich lobe dich für das Wasser!
Es lässt die Pflanzen wachsen,
es stillt den Durst, und wir können darin baden.

Ich lobe dich für das Feuer!
Es macht uns die Nacht hell,
es wärmt uns und kocht unser Essen.

Ich lobe dich für die Mutter Erde!
Auf ihr können wir gehen und spielen.
Sie lässt die großen Bäume
und die vielen Früchte wachsen
und bunte Blumen und grünes Gras.

*Franziskus von Assisi, 1181/82–1226,*
*italienischer Ordensgründer der Franziskaner*

**Nachricht**

FRANKFURT. Zehntausend
Fische erstickten
Im öligen Main.
Kein
Grund für die Bürger der Stadt,
zu erschrecken.
Die
Strömung ist günstig,
sie treibt
das
Heer der silbernen Leichen,
der fliegengeschmückten,
rasch
an den Quais vorbei.
Der Wind
verweht den Geruch,
ehe er unsere verletzlichen Sinne
erreicht.
Alles
ist auf das beste geordnet.

*Hans Kasper*

Beschreibe mit deinen eigenen Worten, was Franz von Assisi und Hans Kasper mit ihren Gedichten ausdrücken wollten:

Franz von Assisi: ______________________________

______________________________

______________________________

Hans Kasper: ______________________________

______________________________

______________________________

## Die Sintflut[1]

In einigen Regionen der Erde werden die Menschen von schlimmen Hochwassern heimgesucht – ihr Leben kreist zwischen Angst und Hoffnung.
Weil das Thema »Sintflut« von jeher hochaktuell ist, sind in verschiedenen Völkern und Kulturen immer wieder dramatische Erzählungen über eine Große Flut entstanden.

In der biblischen Erzählung waren es Noah und seine Frau, die mit vielen Tieren und Pflanzen in der Arche die Flut überlebten und die Erde neu bevölkerten.

1 Das Wort »Sintflut« stammt aus dem Althochdeutschen und heißt soviel wie »umfassende Überschwemmung«.

1 Gedankenexperiment: Du bist Noah und musst entscheiden, wen oder was du in deiner Arche mitnehmen willst. Trage deine Auswahl in die Kästen ein.

2 Vergleicht eure Ergebnisse: Diskutiert Gemeinsamkeiten und Unterschiede.

## Das Natursuchspiel

Geht in die Natur (Wald, Park oder Garten) und erfüllt folgende Aufgaben.
Sucht dort …

| | | |
|---|---|---|
| | … Spuren von Tieren und zeichnet sie auf. | 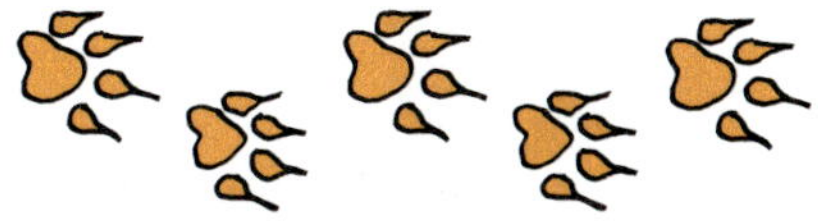 |
| | … etwas, das auf dem Boden lebt. |  |
| | … etwas Grünes. | |
| | … etwas Behaartes, das stark riecht. | |
| | … eine Pflanze, die sich auf »Sessel« reimt. | |
| | … etwas, dass ein Baum fallen gelassen hat. | |

Verfasst ein Gedicht oder ein Lied über eines der gefundenen Dinge.
Achtung: Diejenige Gruppe, die das lustigste Gedicht oder Lied erfindet, hat gewonnen.

## Natur im Wandel

| | |
|---|---|
|  | |
|  | |
|  | |
|  | |

Verfasse zu jedem Bild eine Aussage.